Die Entbehrlichkeit

der beabsichtigten

Novelle zur Civilproceßordnung.

Von

Dr. Hermann Fitting,
Geh. Justizrathe und Professor zu Halle.

Berlin.
Verlag von J. Guttentag.
(D. Collin.)
1886.

Buchdruckerei von Gustav Schade (Otto Francke) in Berlin N.

Als im Herbst 1874 der Entwurf der Reichs-Civilproceßordnung dem Reichstage vorgelegt wurde, da war, wenn auch von vielen Seiten gegen das darin ausgeprägte neue System des Civilprocesses Bedenken erhoben wurden, in Rücksicht auf die Form doch nur Eine ungetheilte Stimme des Lobes. Nach Technik und Fassung wurde gerade dieser Entwurf einhellig und unbestritten als ein Meister- und Musterwerk erklärt. Aber merkwürdig genug! Kaum ist das neue Gesetzbuch ein paar Jahre in Anwendung gewesen, so werden, wenn man sich auch allmählich mit seinem System zu befreunden beginnt, überall, namentlich von Seite der praktischen Juristen, die bittersten Klagen über seine unbestimmte und ungenügende Fassung laut, und die Technik soll so überaus mangelhaft sein, daß man bereits einen recht groben und unlösbaren Widerspruch in der Civilproceßordnung entdeckt zu haben glaubt, so allgemein als unlösbar anerkannt, daß auf Anregung von Seite des Senates von Hamburg der Bundesrath in seiner Sitzung vom 21. Januar d. J. sogar die Vorlegung einer abhelfenden Novelle an den Reichstag beschlossen hat.

Es soll nämlich nach den Vorschriften der Civilproceßordnung die Vollziehung eines angeordneten Arrestes gegenüber einem im Auslande wohnenden Schuldner thatsächlich nur selten, gegenüber einem Schuldner mit unbekanntem Wohn- und Aufenthaltsorte überhaupt gar nicht möglich sein. Und zwar, weil die Vorschrift des §. 809 Abs. 2 CPO. für die Vollziehung des Arrestes eine mit der unmittelbar vorhergehenden (!) Vorschrift des §. 808 im ersten Fall nur sehr schwer, im zweiten gar nicht vereinbare Bedingung aufstelle. Sie erkläre nämlich die Vollziehung des Arrestes für unstatthaft, „wenn seit dem Tage, an welchem der (Arrest-) Befehl verkündet oder der Partei, auf deren Gesuch derselbe erging, zugestellt ist, zwei Wochen verstrichen sind“; §. 808 aber bestimme, daß „auf die Vollziehung des Arrestes die Vorschriften über die Zwangsvollstreckung entsprechende Anwendung finden“, und dazu gehöre denn namentlich die Vorschrift des §. 671 Abs. 1, wonach „die Zwangsvollstreckung nur beginnen darf, wenn — — das Urtheil bereits zugestellt ist oder gleichzeitig zugestellt wird“. Die — nach §. 802 Abs. 2 und §. 288 Abs. 1 dem Arrestkläger selbst obliegende — Zustellung des Arrestbefehls an den Gegner lasse sich aber innerhalb der zweiwöchigen Frist des §. 809 Abs. 2 nach dem Zustellungssystem der Civilproceßordnung gegenüber dem im Auslande wohnenden Gegner im Hinblick auf §§. 182—185 nur selten und schwer, gegenüber dem Gegner, dessen Wohn- und Aufenthaltsort unbekannt, und an welchen daher die Zustellung des Arrestbefehls bloß mittels öffentlicher Bekanntmachung möglich sei, schlechterdings gar nicht bewirken. Denn die öffentliche Zustellung erfolge nach §. 187 Abs. 2 durch Anheftung des zuzustellenden Schriftstückes an die Gerichtstafel und gelte nach §. 189 Abs. 2 erst dann als bewirkt, „wenn seit der Anheftung des Schriftstückes an die Gerichtstafel zwei

Wochen (also eben die Frist des §. 809 Abs. 2!) verstrichen sind".

Man sieht, es handelt sich hier um die denkbar schwersten Fehler, welche einem Gesetzbuche Schuld gegeben werden können, um Fehler, welche, gesetzt daß sie begründet wären, den Vorwurf äußerster Kurzsichtigkeit, ja geradezu gänzlicher Gedankenlosigkeit vollkommen rechtfertigen würden. Der Gesetzgeber hätte entweder bei der Abfassung des §. 809 Abs. 2 an die unmittelbar vorausgehende, auf „die nachfolgenden Paragraphen" als Beschränkungen der aufgestellten Regel ausdrücklich hinweisende Vorschrift des §. 808, oder er hätte bei dieser an den allerersten der von der Ausführung der Zwangsvollstreckung handelnden, wiewohl ausdrücklich als entsprechend anwendbar erklärten Paragraphen nicht gedacht, oder endlich er hätte sein ganzes Zustellungssystem vollständig vergessen! Aber damit noch nicht genug. Er hätte auch so wenig praktischen Sinn und praktische Erfahrung bethätigt, daß er gerade in den, doch häufig genug vorkommenden, Fällen, in welchen wegen ausländischen Wohnsitzes des Schuldners oder Unbekanntschaft seines Wohn- und Aufenthaltsortes eine Sicherung des Gläubigers durch Arrest ganz besonders dringliches Bedürfniß ist, die gesicherte Ermöglichung dieses Schutzes gar nicht vorgesehen hätte! Das ist doch gewiß alles schon von vornherein gar nicht zu glauben.

Allein man dürfte mit dem Tadel hier noch nicht einmal stehen bleiben. Der Gesetzgeber hätte sogar übersehen, daß selbst bei gewöhnlicher Zustellung innerhalb des Deutschen Reiches durch naheliegende Verkehrsstörungen, als Überschwemmung, Schneeverwehung u. dgl., es leicht so kommen kann, daß der Gläubiger die Urkunde über die vollzogene Zustellung des Arrestbefehls vor dem Ablaufe der Frist des §. 809 Abs. 2 nicht erhält. Soll auch hier nach der Civilproceßordnung die Vollziehung des Arrestes unmöglich sein?

Und weiter würde die Schwierigkeit, gesetzt daß sie wirklich bestände, sich keineswegs auf das Arrestverfahren beschränken, sondern, wenn auch in etwas geringerem Maße, nicht minder das Vollstreckungsverfahren treffen. Denn muß nach der bisher gemachten Voraussetzung mit dem Beginn der Zwangsvollstreckung stets gewartet werden, bis der Gläubiger die Urkunde über die vollzogene Zustellung des Vollstreckungstitels an den Schuldner besitzt, bezw. bis die Frist des §. 189 Abs. 2 CPO. verstrichen ist, so kann, namentlich im Hinblicke auf §. 709 Abs. 3 CPO., die Zwangsvollstreckung leicht fruchtlos im Sande verlaufen.

Und das alles sollte der Erwägung des Gesetzgebers entgangen sein? noch dazu bei einem Gesetzbuche, welches mit so großer Sorgfalt ausgearbeitet, durch die Prüfung so vieler sachkundigster Instanzen hindurchgegangen ist, dem man so eben noch das uneingeschränkteste Lob formaler Musterhaftigkeit zollte? Das muß doch als völlig undenkbar erscheinen. Man hätte daher statt der Annahme einer so maßlosen Mangelhaftigkeit der Civilproceßordnung zunächst lieber von der Vermuthung eines mangelhaften Verständnisses derselben ausgehen sollen; und anstatt des Beschlusses einer Änderung des Gesetzes wäre nach meinem Dafürhalten die Ausschreibung einer Preisfrage Behufs der Lösung des Räthsels besser am Platze gewesen.

Denn darüber besteht gewiß allgemeines Einverständniß, daß ein äußeres Eingreifen in das System eines vollständigen, geschlossenen Gesetzbuches durch abändernde Novellen etwas überaus mißliches und unerwünschtes ist, ein Mittel, welches bloß im äußersten Nothfall zur Anwendung kommen darf, wenn Theorie und Praxis schlechterdings gar keinen anderen brauchbaren Ausweg finden können. Und auch das bedarf wohl keines Beweises, daß die Zeit, seit welcher die neue Civilproceßordnung in Geltung steht, eine viel zu kurze ist, als daß schon jetzt von einer auch nur annähernd vollständigen Beherrschung derselben die Rede sein könnte. Die Nachklänge des früheren, in den verschiedenen Theilen Deutschlands so sehr auseinandergehenden Proceßrechtes machen sich überall noch in höchst störender Weise geltend. Der Praktiker wie der Theoretiker erwartet unwillkürlich, das ihm von früher her gewohnte, insbesondere auch den früheren Sprachgebrauch, in dem neuen Gesetzbuche wiederzufinden, während dieses sachlich wie sprachlich vielfach seine eigenen, von den früheren gänzlich abweichenden Wege gegangen ist. So hauptsächlich erklären sich die zahlreichen Meinungsverschiedenheiten über den Sinn vieler seiner Vorschriften, so namentlich auch die oben berührten Klagen über die unvollkommene Fassung derselben.

Wenn unter solchen Umständen mitten in dieser Zeit der Gährung, des ungenügenden oder schiefen Verständnisses zur Lösung einer der aufgetauchten Schwierigkeiten voreilig der Weg der Gesetzgebung beschritten würde, so könnte es gar nicht ausbleiben, daß die innere Harmonie der Civilproceßordnung in der bedenklichsten Weise gestört, ihr schöner, wohlgefügter Bau durch nicht dazu passendes Flickwerk traurig verunstaltet, zur Beseitigung eines nur vermeintlichen Widerspruches leicht eine ganze Anzahl wirklicher Widersprüche erst geschaffen würde. Daß insbesondere auch der vom Bundesrathe beschlossene Gesetzesvorschlag diesen Klippen nicht entgangen ist, wird im Verlaufe gezeigt werden.

Dazu kommt nun aber noch die folgende Erwägung. Wird dieser Vorschlag zum Gesetze, und wird damit von der Reichsgesetzgebung selbst anerkannt, daß sich die Civilproceßordnung der oben geschilderten groben Fehler schuldig gemacht habe, so muß bei der großen Zahl der Juristen, welche im Gefühl der Schwierigkeit, sich in den Zusammenhang des Gesetzbuches hineinzuarbeiten, jetzt schon so sehr über die Mangelhaftigkeit desselben klagen, vollends jedes Vertrauen zu seiner Güte schwinden. Man wird, besonders wenn man einmal bemerkt hat, wie leicht es ist, die Lösung empfundener Schwierigkeiten durch die Gesetzgebung zu erreichen, sich vielerseits zur Lösung auf dem mühsameren Wege der Auslegung kaum mehr eine Mühe geben. Dafür wird aber ein wahrer Ansturm von Forderungen mannigfaltigster gesetzgeberischer Änderungen der Civilproceßordnung entstehen; die eine Änderung wird bei dem innigen Zusammenhange und der wechselseitigen Bedingtheit aller einzelnen Vorschriften die unabweisliche Nothwendigkeit weiterer Änderungen nach sich ziehen, und so möchte vielleicht schon in kurzer Zeit das Reichs-Civilproceßrecht eine ähnliche trümmerhafte Gestalt zeigen, wie sie nach den Verordnungen vom 1. Juni 1833 und vom 21. Juli 1846 das preußische Civilproceßrecht aufzuweisen hatte.

Diese abschreckende und warnende Aussicht läßt hier den ersten Schritt als wahrhaft verhängnißvoll erscheinen. Ihn ohne die unbedingteste Noth zu thun, wäre eine überaus schwere Verantwortung, welche sicherlich niemand würde auf sich nehmen wollen. Zugleich aber erwächst aus den nämlichen Gründen für jeden, welcher einen anderen Ausweg bezeichnen zu können glaubt, die gebieterische Pflicht, jetzt noch, bevor es zu spät ist, damit hervorzutreten. Mich dünkt nun, daß es auf einem sehr einfachen Wege möglich ist, zu einer eben so theoretisch wie praktisch befriedigenden Lösung des nur anscheinend verzweifelten Knotens zu gelangen, zu einer Lösung, welche überdies wesentlich zu dem gleichen praktischen Resultate führt, welches der vom Bundesrathe beschlossene Gesetzesvorschlag erzielen will. Nämlich einfach mittels richtiger Auslegung der einschlagenden gesetzlichen Vorschriften. Ich will versuchen, dies nachstehend noch in der letzten, hoffentlich nicht zu späten Stunde nachzuweisen. Es wäre früher geschehen, wenn ich von der nahe bevorstehenden Gefahr der Erlassung der beabsichtigten Novelle eine Kenntniß gehabt hätte.

Zuvörderst muß anerkannt werden, und das dient dem Verfahren des Hamburger Senates sowie des Bundesrathes zur Erklärung und zur Rechtfertigung, daß von den sämmtlichen bisher aufgetretenen Versuchen zur Hebung der in Frage stehenden Schwierigkeit kein einziger als wirklich geglückt und befriedigend angesehen werden kann. So steht die Ansicht, daß zur wirksamen Vollziehung eines Arrestbefehls die vorgängige oder gleichzeitige Zustellung an den Schuldner nicht erforderlich sei, mit §. 802 Abs. 2 und §. 808 vbd. §. 671 Abs. 1 CPO. in handgreiflichem Widerspruch und ist daher mit Recht bereits von dem Reichsgerichte in einem Urtheil des V. Civilsenates vom 4. März 1882 (Entscheid. VI. S. 388 ff.) sowie in einem Urtheil des II. Civilsenates vom 16. März 1883 (Entsch. VIII. S. 429 ff.)

zurückgewiesen worden. Die von Wach in seinem Handbuche des Deutschen Civilproceßrechts Band 1 S. 273 aufgestellte Meinung: bei Unmöglichkeit anderer als öffentlicher Zustellung des Arrestbefehls sei die Frist des §. 809 Abs. 2 CPO. erst vom Ablaufe der zwei Wochen des §. 189 Abs. 2 zu rechnen, scheitert an dem klaren Wortlaute des §. 809 Abs. 2 und hilft auch nicht in den übrigen oben berührten Fällen. Ebensowenig ist aber ferner das nach dem Zeugnisse v. Wilmowski's und Levy's (zu §. 809 CPO. Bem. 4) in der Praxis übliche, im 8. Bande der Zeitschrift für Deutschen Civilproceß S. 431 ff. im wesentlichen auch von Petersen (Amtsrichter zu Hamburg) sowie im 29. Bande von Gruchot's Beiträgen zur Erläuterung des Deutschen Rechts S. 372 ff. nach Francke's Vorgange von Hagemann empfohlene Verfahren zu rechtfertigen, wonach dem Gläubiger auf seinen Antrag der Arrestbefehl erst nach der öffentlichen Zustellung desselben an den Schuldner zugestellt und so der Beginn der Frist des §. 809 Abs. 2 CPO. verzögert wird; denn dieses Verfahren verträgt sich nicht mit §. 802 Abs. 2 vbd. §. 809 Abs. 2, §. 294 Abs. 3 CPO., hilft nicht, wenn der Arrestbefehl verkündet ist, und führt schon um deswillen zu keinem befriedigenden Ziel, weil die Arrestverhängung leicht praktisch ganz erfolglos werden kann, wenn der Arrest erst nach Ablauf der in §. 189 Abs. 2 CPO. bestimmten zweiwöchigen Frist vollziehbar ist. Nicht besser steht es endlich mit dem neuestens von Hellmann in seinem Lehrbuch des deutschen Civilproceßrechtes S. 958 und von Jastrow im 9. Bande der Zeitschrift für Deutschen Civilproceß S. 422 ff. gemachten Versuche einer Hülfe durch Heranziehung des §. 190 CPO. Diese Lösung ist nicht bloß, wie Hellmann selbst erklärt, „etwas künstlich“, sondern sie ist, wie mir scheint, Angesichts des Wortlautes des §. 190 geradezu unmöglich; denn es handelt sich doch nach der unzweideutigen Bestimmung des §. 809 Abs. 2 hier um Wahrung einer Frist nicht durch die Zustellung sondern durch die Vollziehung des Arrestbefehls. Auch würde offenbar die bloße Zustellung des letzteren innerhalb der Frist des §. 809 Abs. 2 für die Wahrung derselben ganz bedeutungslos sein.[1]) Zudem gelangt man mit dieser Ansicht, welche die Vollziehung des Arrestes schon unmittelbar nach der Einreichung des Gesuches um die Bewilligung der öffentlichen Zustellung des Arrestbefehls für statthaft erklärt, zu neuen Mißlichkeiten für den Fall, daß das Gesuch wegen Mangels der erforderlichen Voraussetzungen, insbesondere wegen ungenügender Glaubhaftmachung der Unbekanntschaft des Wohn- und Aufenthaltsortes des Schuldners,[2]) zurückgewiesen wird, und

---

[1]) Vgl. Urtheil des Oberlandesgerichtes zu Dresden vom 5. Januar 1882 (Zeitschr. f. D. Civilpr. Bd. 6 S. 534 fg.) und Tränkner ebend. S. 198 ff., Kuhn in Gruchot's Beiträgen Bd. 27 S. 705 fg.

[2]) Daß dieses Erforderniß mindestens einer Glaubhaftmachung bedarf, daß also nicht, wie bei dem Gesuche um eine Zustellung im Auslande, die bloße Behauptung des Gesuchstellers zur Erwirkung der begehrten Thätigkeit des Gerichtes genügt, kann nach der Fassung des §. 186 CPO. nicht zweifelhaft sein. Unbestimmt äußern sich darüber die Protokolle der sog. Reichs-Justizcommission S. 72 (Zu §. 179) und ebenso fast alle Kommentare. S. z. B. v. Wilmowski und Levy zu §. 187 Bem. 1, Struckmann und Koch zu §. 187 Bem. 2, Seuffert zu §. 186 Bem. 2 a. E. Nur Gaupp zu §. 186 Bem. III. 1. Abs. 2, 2. Abs. 2 spricht etwas bestimmter von der Nothwendigkeit des „Bescheinigens". Daß aber eine solche Frage noch nicht principiell erörtert und erledigt

gibt einem chicanösen Gläubiger die Handhabe zu arger Beeinträchtigung des Schuldners. Jastrow hat diese Kehrseite seiner Ansicht keineswegs übersehen. Die Sicherungsmittel aber, welche er (S. 430) als ausreichendes Gegengewicht bezeichnet, nämlich Vorsicht des Richters bei der Arrestanordnung, die Arrestcaution und die Criminalstrafen für den Betrug, gewähren schwerlich eine genügende Hülfe, zumal da zur Erwirkung eines Arrestbefehls die Glaubhaftmachung, daß der Wohn- und Aufenthaltsort des Schuldners unbekannt sei, ja durchaus nicht nothwendig gehört, und bei den Unzuträglichkeiten und Schädigungen, welche für den Schuldner durch die Vollziehung des Arrestes noch vor der Bewilligung der öffentlichen Zustellung des Arrestbefehls in ganz ungerechtfertigter Weise dann entstehen können, wenn nachher jene Bewilligung verweigert wird, weit weniger an die Fälle des Betruges und der Chicane zu denken ist als an die gewiß viel häufigeren, in denen der Gläubiger völlig guten Glaubens um die Bewilligung der öffentlichen Zustellung nachgesucht hat, das Gericht aber dieselbe aus dem Grunde abschlägt, weil ihm die beigebrachten Mittel der Glaubhaftmachung nicht als zureichend erscheinen. Auch dürfen die Streitfragen nicht übersehen werden, welche in Ansehung der Vorbedingungen einer öffentlichen Zustellung bestehen. Während die Einen, wie z. B. Gaupp zu §. 186 Bem. II., Struckmann und Koch zu §. 186 Bem. 2 a. E., streng dem Wortlaute des §. 186 CPO. folgend, die öffentliche Zustellung auch dann für statthaft halten, wenn eine bekannte Wohnung des Zustellungsempfängers besteht,

---

ist, zeigt am besten, wie weit wir noch von einer erschöpfenden Durcharbeitung der Civilproceßordnung entfernt sind.

wird ihre Zulässigkeit in diesem Fall von Änderen im Hinblick auf §§. 165 ff. CPO. und auf die Äußerung der Begründung zu §§. 179—182 des Entwurfes Abs. 1 (S. 155), daß die öffentliche Zustellung nur für den Nothfall bestimmt sei, (wohl richtiger) geleugnet. Und während die Einen, wie z. B. Struckmann und Koch zu §. 186 Bem. 1 Abs. 2, (wohl richtig) annehmen, daß bei dem Vorhandensein einer der gesetzlichen Voraussetzungen das Gesuch um öffentliche Zustellung nicht abgeschlagen werden dürfe, stellen Andere, wie z. B. Gaupp a. a. O., die Bewilligung auch in solchem Fall (wegen des „kann" und „ist zulässig" in §. 186 CPO.) ganz in das Ermessen des Gerichtes. Gesetzt nun, daß der Anwalt des Gläubigers von der einen Rechtsansicht ausgeht, das Gericht von der anderen und deshalb die öffentliche Zustellung verweigert, so läßt sich doch sicherlich nie von einem Betruge des Gläubigers reden. Übrigens wird es in solchen Fällen der letztere durchaus nicht immer bei der Entscheidung der ersten Instanz bewenden lassen, sondern häufig gemäß §. 530 CPO. (vgl. Begründung a. a. O. Abs. 3) zur Beschwerde greifen, und dies gewiß um so eher, wenn bereits der Arrest vollzogen ist. Fällt nun schließlich auch die Entscheidung des Beschwerdegerichtes zu Ungunsten des Gläubigers aus, und muß dieser daher jetzt den Arrest wiederaufheben lassen, so hat letzterer immerhin seit längerer Zeit thatsächlich bestanden, und dadurch können dem Schuldner oder anderen Gläubigern starke Schäden erwachsen sein, welche sich nachträglich zwar als rechtlich grundlos erweisen, gegen welche aber, da ja von Jastrow's Standpunkte aus der Gläubiger mit der Vollziehung des Arrestes nur von seinem gesetzlichen Rechte Gebrauch gemacht hatte, jede Hülfe versagt.

Schon durch diese flüchtige Prüfung wird wohl der oben ausgesprochene Satz seine überzeugende Bestätigung gefunden haben, daß alle bisherigen Lösungsversuche nicht haltbar und mit der Civilproceßordnung nicht vereinbar sind. Ihre eigenen Urheber haben sie durchweg selbst nur als leidige Nothbehelfe angesehen, zu denen man eben, da der Gesetzgeber sich nun einmal eines Versehens schuldig gemacht habe, zu greifen gezwungen sei. Sie haben daher auch zumeist in den Ruf nach wirklicher Hülfe durch die Gesetzgebung eingestimmt, deren dringliche Aufgabe es sei, den Widerspruch der Civilproceßordnung zu beseitigen. Nach den Zeitungen soll dies durch folgende vom Bundesrathe auf den Antrag des Justizausschusses beschlossene Ergänzung des §. 809 CPO. geschehen:

> An Stelle der Zustellung des Arrestbefehls an den Schuldner (§. 671) genügt es, wenn die Post um Bewirkung der Zustellung (§§. 177, 179) oder, sofern eine Zustellung mittels Ersuchens anderer Behörden oder Beamten, oder eine öffentliche Zustellung erforderlich ist, das Gesuch um Zustellung (§. 190) überreicht ist.

Bevor ich zu einer Kritik dieses Gesetzesvorschlages übergehe, will ich zuerst meine eigene Ansicht entwickeln. Nach meiner Überzeugung ist nämlich überall kein Widerspruch, noch auch nur das geringste Versehen des Gesetzgebers vorhanden. Er hat alle Fragen, welche hier auftauchen können, bestens vorgesehen und auf die praktisch vortrefflichste Weise entschieden. Ich habe sogar keinen Zweifel, daß das mit vollstem Bewußtsein geschehen ist, und daß sich dieses bei genauer Durchforschung aller Vorarbeiten, wozu mir die Zeit und hier leider auch die Hülfsmittel abgehen, mit Bestimmtheit würde nachweisen lassen. Der Fehler liegt also hier in der That nicht an dem Gesetzbuche, sondern einzig und allein an seinem unrichtigen und mangelhaften Verständnisse.

Der Schlüssel des Räthsels besteht nämlich ganz einfach in einer besseren Beachtung und richtigen Auslegung der Vorschrift des §. 671 Abs. 1 CPO.:

> Die Zwangsvollstreckung darf nur beginnen, wenn — — das Urtheil bereits zugestellt ist oder gleichzeitig zugestellt wird.

Diese Vorschrift ist — gewiß hauptsächlich wegen einer ungenauen Äußerung der Begründung zu §§. 620—622 des Entwurfes in Abs. 2 (S. 410) — bisher ohne den geringsten Zweifel und ohne irgend eine Prüfung ganz allgemein so gedeutet worden, als ob vor dem Beginn der Zwangsvollstreckung die Zustellung des Vollstreckungstitels an den Schuldner bereits vollständig erfolgt und vollendet sein müßte. Diese Auffassung liegt namentlich dem oben schon genannten Urtheil des Reichsgerichtes vom 16. März 1883 (Entsch. VIII. S. 429 ff.) zu Grunde, als welches eine Arrestpfändung für rechtsunwirksam erklärt hat, weil Arrestbefehl und Pfändungsbeschluß am *nämlichen* Tage (7. Dezember 1881), ersterer an den Schuldner, letzterer an den Drittschuldner, zugestellt waren. „Da nicht ersichtlich ist“, so heißt es am Schlusse der Entscheidungsgründe, „welche dieser Zustellungen die *frühere* sei, so hat Kläger den *ihm* obliegenden Nachweis, daß die Zustellung des Arrestbefehls *vor* der Pfändung geschehen sei, nicht erbracht.“

Dabei werden denn aber offenbar die Worte des §. 671 Abs. 1 CPO. „oder gleichzeitig zugestellt wird“ in einem Sinn ausgelegt, in welchem sie mit den vorhergehenden „bereits zugestellt ist“ völlig gleichbedeutend wären, wonach sie also als gänzlich überflüssig erscheinen müßten. Man bezieht sie ersichtlich immer bloß auf den Fall, daß der Gerichtsvollzieher den Vollstreckungstitel zustellt und dann sogleich zur Zwangsvollstreckung schreitet. Aber an welche Art der Zwangsvollstreckung man hier auch denken möge, sei es Pfändung von Sachen, sei es Pfändung von Forderungen oder sonstigen Ansprüchen, sei es Wegnahme von Sachen: niemals ist, wie schon Kuhn in Gruchot's Beiträgen Band 27 S. 684 fg. treffend gezeigt hat, der Beginn der Vollstreckung thatsächlich möglich, bevor der Vollstreckungstitel, wenn auch nur wenige Augenblicke vorher, zugestellt *ist*, der Vorgang dieser Zustellung also bereits der Vergangenheit angehört.

Nun kann aber doch sicherlich die gedachte Voraussetzung: „wenn gleichzeitig zugestellt *wird*" neben der anderen: „wenn bereits zugestellt *ist*" im Sinn des Gesetzgebers durchaus nicht als müßig und überflüssig betrachtet werden, sondern zweifellos hat er damit, wenn auch die Motive, hier wie in vielen anderen Fällen die Vorschrift des Gesetzes nicht erschöpfend, sich darüber nicht äußern, etwas anderes, besonderes bestimmen wollen. Und durch die weitere Verfolgung dieses Gedankens gelangt nun unsere Schwierigkeit zu ihrer vollständigsten, allseitigen und praktisch auf das beste befriedigenden Lösung.

„Es *wird* zugestellt": das heißt im Gegensatze zu: „es *ist* zugestellt": die Thätigkeit des Zustellens ist im vor sich gehen begriffen; sie ist begonnen aber noch nicht vollendet. Und somit gestattet also §. 671 Abs. 1 CPO. den Beginn der Zwangsvollstreckung auch dann, wenn die Zustellung des Vollstreckungstitels an den Schuldner zwar noch nicht vollendet ist, aber doch wenigstens im vor sich gehen begriffen ist, also *bereits begonnen hat*, ganz ähnlich wie z. B.

durch ein polizeiliches Verbot des raschen Fahrens in der Nähe einer Kirche, „wenn gepredigt wird", dieses rasche Fahren für die Zeit verboten ist, da das Predigen bereits begonnen aber noch nicht aufgehört hat.

Daß dieses in der That die richtige Deutung der Ausdrücke: „zugestellt ist" und „zugestellt wird" in §. 671 Abs. 1 CPO. sei, wird namentlich im Hinblicke auf die beigefügten Adverbien „bereits" und „gleichzeitig" nicht bezweifelt werden können. Und es fragt sich daher nur noch: wann hat eine Zustellung im Sinn der Civilproceßordnung begonnen?

Die Zustellung unmittelbar durch einen Gerichtsvollzieher beginnt, wie nach §. 152 und §. 156 CPO. und nach der Stellung der Vorschriften in §§. 153—155 CPO. vor diejenige des §. 156 nicht zweifelhaft sein kann, erst damit, daß der Gerichtsvollzieher dem Zustellungsempfänger oder in den gesetzlich statthaften Fällen einer anderen Person anstatt seiner die Übergabe des betreffenden Schriftstückes thatsächlich anbietet. Ganz anders verhält es sich aber schon bei der Zustellung durch die Post. Sie beginnt nämlich schon damit, daß der Gerichtsvollzieher oder (§. 179 CPO.) der Gerichtsschreiber das an den Zustellungsempfänger auszuhändigende Schriftstück nach §. 177 CPO. der Post mit dem Ersuchen um die weitere Vollziehung der Zustellung übergibt. Daß dieser Übergabeact im Sinn der Civilproceßordnung wirklich bereits zu dem Zustellungsacte selbst gehört, ist zwar in der Fassung des Gesetzes nicht ausdrücklich ausgesprochen; allein es erhellt mit Sicherheit daraus, daß jener Übergabeact bereits beurkundet werden muß. Und noch bestimmter wird man sich davon überzeugen, wenn man den durch §. 177 vorgeschriebenen Inhalt dieser Urkunde und den durch §. 178 Abs. 2 bestimmten Inhalt der von dem Postboten aufzunehmenden Urkunde mit den Vorschriften des §. 174 über den Inhalt der von dem Gerichtsvollzieher aufzunehmenden Zustellungsurkunde vergleicht. Man wird dann leicht erkennen, daß jene beiden Urkunden zusammen erst die Vorschriften des §. 174 erfüllen, also zusammen erst die ganze Zustellungsurkunde ausmachen.[3])

Eine im Auslande zu bewirkende Zustellung beginnt, wie hier schon aus der Fassung des §. 182 CPO. („Eine im Auslande zu bewirkende Zustellung erfolgt mittels Ersuchens der zuständigen Behörde des fremden Staates" 2c.) hervorgeht, bereits mit der Erlassung des erforderlichen Ersuchungsschreibens, und eine öffentliche Zustellung endlich beginnt, wie ebenfalls der Wortlaut des §. 187 Abs. 2 CPO. („Die öffentliche Zustellung erfolgt durch Anheftung einer beglaubigten Abschrift des zuzustellenden Schriftstücks an die Gerichtstafel") ergibt, bereits mit dieser Anheftung.

Und nun ziehe man die Folgerungen! Man wird vielleicht staunen, wie gut jetzt alle Vorschriften des Gesetzbuches zusammenstimmen, und wie trefflich alles den Anforderungen des praktischen Bedürfnisses entspricht. Denn es ergibt sich, daß die Zwangsvollstreckung sowie die Vollziehung

---

[3]) Vgl. Fischer, Termin und Ladung S. 74, v. Wilmowski und Levy zu §. 178 Bem. 2. Eine Consequenz ist, daß der Zustellungsempfänger auch eine (mit dem zu übergebenden Schriftstücke verbundene) beglaubigte Abschrift der Urkunde über die Uebergabe an die Post erhalten muß, und in Preußen ist dies durch die Allg. Verfügung des Justizministers vom 16. Juni 1883 (Justiz-Ministerialblatt S. 191) geradezu angeordnet.

des Arrestes beginnen kann, sobald der Gläubiger durch die Urkunde über die Übergabe an die Post bezw. durch ein Zeugniß des Gerichtsschreibers über die Erlassung des Ersuchungsschreibens oder über die geschehene Anheftung an die Gerichtstafel den Nachweis über den erfolgten Beginn der Zustellung des Vollstreckungstitels oder des Arrestbefehls an den Schuldner zu führen im Stande ist.

Man sieht, die Einhaltung der Frist des §. 809 Abs. 2 CPO. ist jetzt, und zwar unbeschadet der wörtlichsten Befolgung aller Vorschriften des Gesetzbuches, stets und in allen denkbaren Fällen auf das leichteste möglich, und überhaupt ist von allen besprochenen Schwierigkeiten keine einzige mehr vorhanden. Ja sogar die praktischen Unzuträglichkeiten, welche mit den bisher versuchten Auskunftsmitteln verbunden waren, sind sämmtlich verschwunden. Daß aber das gewonnene Ergebniß wirklich dem praktischen Bedürfnisse bestens entgegenkommt, dafür darf als unantastbarster Beweis angeführt werden, daß es im wesentlichen geradezu dasjenige ist, welches der Gesetzesvorschlag des Bundesrathes erstrebt. Allerdings besteht eine kleine Verschiedenheit. Daß aber dabei vom praktischen Standpunkte das Resultat meiner Ausführung den Vergleich mit jenem Vorschlage nicht zu scheuen hat, soll später gezeigt werden.

Es darf unter diesen Umständen billig Wunder nehmen, daß man den hier angegebenen einfachen Ausweg zur Entwirrung des Knotens nicht schon längst, namentlich von Seite der Praxis, allgemein eingeschlagen hat. Und in der That läßt sich dieses nur aus der merkwürdigen Herrschaft erklären, welche die Befangenheit in gewisse Anschauungen und Vorstellungen auf die Geister der Menschen übt. Denn der Gedanke an die hier bezeichnete Auslegung des §. 671 Abs. 1 CPO. als möglichen Mittels zum Zwecke ist keineswegs vollständig neu, sondern er wird bereits geäußert von Tränkner in Band 6 der Zeitschrift für Deutschen Civilproceß S. 196 und von Kuhn in Gruchot's Beiträgen Band 27 S. 684, aber freilich von beiden nur, um — sofort als untauglich zurückgewiesen zu werden! Allerdings, meint Kuhn, sei zuzugeben, daß es nach §. 671 Abs. 1 CPO. genüge, wenn mit Zustellung des vollstreckbaren Titels der Anfang gemacht sei, um mit Vollziehung der Zwangsvollstreckung bezw. des Arrestes beginnen zu können; allein das dürfe nur auf gewisse, praktisch selten vorkommende Fälle bezogen werden, wie z. B. auf denjenigen, wenn vom Gläubiger ein Gerichtsvollzieher mit der Zwangsvollstreckung, ein anderer mit der Zustellung beauftragt werde und nun beide Gerichtsvollzieher zu gleicher Zeit mit den aufgetragenen Handlungen begännen. Dagegen könne nicht anerkannt werden, daß bereits durch Anheftung des zuzustellenden Schriftstückes an die Gerichtstafel der Anfang der Zustellung an Personen, deren Aufenthalt unbekannt sei, gemacht werde. Zwar scheine für die Bejahung der Ausdruck „erfolgt" in §. 187 Abs. 2 ebenso wie in §. 182 CPO. zu sprechen; allein dieser Ausdruck dürfe in den beiden Gesetzesstellen nicht in gleichem Sinn, wie er sonst, z. B. in den §§. 166, 167, gebraucht werde, verstanden werden, sondern er sei vielmehr, wie auch in §. 152 (??), gleichbedeutend mit „besorgt werden". Es genügt, zumal da Kuhn diese Behauptung nicht näher begründet, hiegegen zu bemerken, daß jene Unterscheidung ganz willkürlich ist, und daß der Ausdruck: „die Zustellung erfolgt" von dem Gesetzbuche nirgends im Sinn von: „sie wird besorgt" verwendet, vielmehr gerade in §. 187 (vgl. Abs. 2

mit Abs. 1) von dem letzteren Ausdrucke bestimmt geschieden wird.

Tränkner seinerseits räumt ein, daß bei der öffentlichen Zustellung in der Anheftung an die Gerichtstafel bereits der Beginn der Zustellung liege. Allein daraus dürfe man nicht folgern, daß schon mit der Anheftung des Arrestbefehls an die Gerichtstafel auch die Vollziehung des Arrestes statthaft sei. Denn nach §. 671 Abs. 1 CPO. genüge es immerhin nicht, „wenn gleichzeitig während des Vollstreckungsactes mit der Zustellung nur begonnen werde; vielmehr sei solchenfalls erforderlich, daß die Zustellung bei dem Beginne der Zwangsvollstreckung auch vollständig ausgeführt und zu Ende gebracht werde, d. h. also, daß das Ende des Zustellungsactes nicht erst in die Zeit nach Beendigung der Vollstreckungshandlung falle". Dafür spreche auch die ratio legis. Durch die vom Gesetz angeordnete Zustellung solle der Schuldner von der Existenz des Vollstreckungstitels Kenntniß erhalten und in die Lage gesetzt werden, seine ihm etwa zur Seite stehenden Einwendungen geltend zu machen resp. die Einstellung der Zwangsvollstreckung herbeizuführen. Diesem von dem Gesetzgeber in den Vordergrund gestellten Interesse, welches insbesondere im Fall eines ohne vorgängige Anhörung des Schuldners erlassenen Arrestbeschlusses Berücksichtigung verdiene, könne nur dann vollständig Genüge geleistet werden, wenn dem Schuldner spätestens bei dem Beginn des Vollstreckungsactes die volle Füglichkeit gewährt werde, von dem Vollstreckungstitel Einsicht zu nehmen. Dagegen würde es dem Schuldner nichts nützen, wenn ihm diese Füglichkeit erst zu einer Zeit gewährt werde, zu welcher die Zwangsvollstreckung bereits zur Ausführung gebracht sei. „Darauf würde es aber hinauslaufen, wollte man schon mit der Anheftung des Arrestbeschlusses an die Gerichtstafel und unerwartet des Ablaufes der in §. 189 Abs. 2 geordneten Frist die Zwangsvollstreckung (soll wohl heißen: die Vollziehung des Arrestes) beginnen lassen. Indem der Gesetzgeber erst mit Ablauf dieser Frist die Zustellung als erfolgt habe angesehen wissen wollen, habe er zugleich die Fiction statuirt, daß erst mit Ablauf der Frist eine Kenntniß des Schuldners von dem Vollstreckungstitel angenommen werden solle und könne. Wollte man also die Zwangsvollstreckung schon vor Ablauf der Frist des §. 189 Abs. 2 cit. vornehmen lassen, so würde die Vornahme virtuell zu einer Zeit erfolgen, wo der Schuldner nach der Annahme des Gesetzgebers noch keine Kenntniß von dem Vollstreckungstitel gehabt habe und zur Wahrnehmung seiner diesfallsigen Rechtszuständigkeiten noch gar nicht in der Lage und im Stande gewesen sei. Die Unzuträglichkeit eines solchen Verfahrens ergebe sich ohne weiteres."

Ich weiß nicht, ob Andere geneigt sein werden, dem letzten Satze zuzustimmen. Was mich anlangt, so würde es mir im Gegentheil als eine ganz unleidliche Unzuträglichkeit und als der denkbar gröbste gesetzgeberische Mißgriff erscheinen, wenn wirklich die Civilproceßordnung einer bloßen Fiction und einem solchen rein doctrinären Bedenken zu Liebe dem Gläubiger einem Schuldner unbekannten Wohn- und Aufenthaltsortes gegenüber, also gerade da, wo das Bedürfniß der Hülfe am dringlichsten ist, die Vollziehung eines verhängten Arrestes unmöglich gemacht hätte. Es ist mir schwer begreiflich, wie gerade ein praktischer Jurist zu einer solchen Vorstellung kommen und sich dadurch von der Erkenntniß des richtigen Sachverhaltes, welcher er so unmittelbar nahe stand, wieder wegdrängen lassen konnte.

Ich muß aber ferner bestreiten, daß die Civilproceßordnung bei ihren Vorschriften über die Voraussetzungen der Zwangsvollstreckung und der Vollziehung des Arrestes das Interesse des Schuldners in den Vordergrund gestellt hätte. Dies zu thun, wäre auch meines Erachtens sehr wenig sachgemäß gewesen. Denn nach der Natur der Sache muß bei der Regelung des Zwangsvollstreckungsverfahrens und des Arrestverfahrens in erster Reihe die Rücksicht auf das Interesse des Gläubigers maßgebend sein; es muß vor allen Dingen dafür gesorgt werden, daß es diesem möglich sei, in rascher und sicherer Weise zu der ihm gebürenden Befriedigung oder Sicherung zu gelangen. Ein Blick auf den §. 709 CPO. setzt das vollends außer Zweifel. Daß aber insbesondere gerade die Civilproceßordnung das Interesse des Gläubigers hier sehr entschieden in den Vordergrund stellt, erhellt aus den Erörterungen in der Begründung zu §§. 597—656 des Entwurfes Nr. IV.—VI. (S. 388 ff.) und in der Begründung zu §§. 745—746 des Entwurfes (S. 451 fg.).

Damit soll natürlich eine Rücksicht des Gesetzbuches auch auf das Interesse des Schuldners nicht in Abrede gestellt und am wenigsten bestritten werden, daß die Vorschrift des §. 671 Abs. 1 a. E. auf dieser Rücksicht beruhe. Allein diese Rücksicht steht hier, ebenso wie in der Konkursordnung die Rücksicht auf das Interesse des Gemeinschuldners, doch erst in zweiter Linie; das Interesse des Schuldners soll zwar nach Thunlichkeit gewahrt werden, aber nur, soweit dies unbeschadet voller Wahrung der in erster Reihe maßgebenden Interessen des Gläubigers möglich ist. Aus diesem Gesichtspunkte betrachtet, tritt nun jene Vorschrift des §. 671 Abs. 1 und die verwandte des §. 808

CPO. erst in das rechte Licht. Der Gläubiger soll zwar, sobald er im Besitze eines Vollstreckungstitels oder eines Arrestbefehls ist, sofort und ohne vorgängiges Befriedigungsgebot zur Zwangsvollstreckung bezw. zur Vollziehung des Arrestes schreiten dürfen, aber doch nicht eher, als bis er nach Möglichkeit auch für das Interesse des Schuldners gesorgt hat und auf seine Veranlassung geschehen ist, was der Sachlage nach zu dem Zwecke geschehen kann, um dem Schuldner so rasch und so sicher, als es die Umstände eben erlauben, die Kenntniß des Wortlautes des Vollstreckungstitels bezw. des Arrestbefehls zu verschaffen, damit er in den Stand gesetzt werde, so vollständig als möglich seine Rechtszuständigkeiten zu wahren. Mehr zu fordern, wäre eine nicht zu rechtfertigende Beeinträchtigung des Gläubigers.

Dabei kommt aber noch ein weiteres in Betracht, wodurch vollends jede Härte gegen den Schuldner verschwindet und die hier vertretene Auffassung der Vorschrift des §. 671 Abs. 1 mit den Anforderungen des praktischen Bedürfnisses in den vollkommensten Einklang gebracht wird. Sie ist nämlich noch gegen einen Einwand zu vertheidigen, welchen man nicht ohne Schein wider sie erheben könnte. Ich meine den Einwand, daß sie über das Ziel hinaustreffe. Genüge, so könnte man sagen, schon der bloße Beginn der Zustellungshandlung zur Vornahme der Vollstreckungs- oder Arrestpfändung, so erzeuge diese Pfändung auch ein gültiges Pfändungspfandrecht, und zwar folgerecht ohne alle Rücksicht auf den weiteren Verlauf, also auch in den Fällen, in welchen die begonnene Zustellung nicht durchgeführt werden könne, z. B. weil der Schuldner gar nicht an dem vom Gläubiger angegebenen Orte wohne, oder seinen Wohnort gewechselt habe, oder — etwa nach dem Ersuchen an die Post und nach der Pfändung, aber vor dem Vollzuge der Zustellung — gestorben sei. Eine solche Consequenz sei aber schon aus Rücksicht auf andere Gläubiger völlig unannehmbar.

Dieser Einwand würde nun freilich und noch in erhöhtem Maße auch den vom Bundesrathe beschlossenen Gesetzesvorschlag treffen; denn dieser verlangt ja als Vorbedingung der Vollziehung des Arrestes, unter Aufhebung des Erfordernisses der Zustellung des Arrestbefehls an den Schuldner nach Maßgabe des §. 671, überhaupt nur die mit dem Ersuchen um die Bewirkung der Zustellung erfolgte Übergabe des Arrestbefehls an die Post und begnügt sich in den Fällen, in welchen eine Zustellung mittels Ersuchens anderer Behörden oder Beamten oder eine öffentliche Zustellung erforderlich ist, sogar schon mit der Einreichung des Gesuches um Zustellung. Hier muß denn also freilich die darauf hin vollzogene Arrestpfändung auch dann gültig sein und bleiben, wenn sich hernach die Zustellung als unausführbar herausstellt oder, z. B. wegen Verstoßes gegen die §§. 166 ff. CPO., in ungültiger Weise vollzogen wird. Eine Hülfe dagegen gibt es nicht, weil gerade die Vorschrift, welche die Hülfe bietet, nämlich eben die Vorschrift des §. 671 Abs. 1 CPO., ausdrücklich beseitigt ist.[4]) Hält man sich einfach und scharf an diese

[4]) Allerdings scheint es nach der Anführung des §. 190, als solle in den Fällen der Zustellung mittels Ersuchens anderer Behörden oder Beamten oder der öffentlichen Zustellung der Grundsatz dieses Paragraphen auch auf die Vollziehung des Arrestes angewendet werden. Dieses müßte dann aber jedenfalls deutlicher gesagt sein, würde auch in dem Fall der Zustellung durch die Post nicht helfen.

Vorschrift, so schwinden auch hier alle berechtigten Bedenken.

Die Zwangsvollstreckung darf ihr zufolge nur beginnen, wenn der Vollstreckungstitel „bereits zugestellt ist oder gleichzeitig zugestellt wird". „Zustellung" eines Schriftstückes ist aber im Sinn der Civilproceßordnung nur die in der gesetzlich vorgeschriebenen Weise wirklich ausgeführte Kundmachung seines Inhaltes. Fehlt es an dem einen oder dem anderen dieser Merkmale, ist also entweder die Kundmachung, wenn auch in gesetzmäßiger Weise begonnen, so doch aus irgend einem Grunde, z. B. wegen unrichtiger Adresse des Zustellungsempfängers oder wegen seines inzwischen eingetretenen Todes, nicht wirklich ausgeführt, oder aber verstößt umgekehrt die wirklich ausgeführte Kundmachung gegen die gesetzlichen Vorschriften, wie z. B. bei einer gesetzlich unstatthaften Ersatzzustellung oder bei einfacher Zurücklassung des Schriftstückes (nach §. 170 CPO.) trotz gesetzlich begründeter Verweigerung der Annahme: so ist im Sinn des Gesetzes überhaupt der Begriff einer Zustellung gar nicht vorhanden; man kann also nicht sagen, daß eine Zustellung vor sich gegangen sei, folglich auch nicht, daß sie vorher im vor sich gehen begriffen gewesen sei. Daraus ergibt sich, daß eine an sich gültige und gesetzesgemäße Handlung, welche nach der Absicht ihrer Vornahme der Beginn einer Zustellung sein sollte und, vorausgesetzt daß die Zustellung in gesetzmäßiger Weise bis zu Ende durchgeführt wird, auch wirklich als der Beginn einer Zustellung erscheint, wie z. B. formgerechte Übergabe des Schriftstückes an die Post mit dem Ersuchen um weiteren Vollzug der Zustellung, oder Erlassung des Ersuchungsschreibens bei der Auslandszustellung, — daß diese Handlung sich umgekehrt nicht als der Beginn einer Zustellung, sondern nur als bloßer fehlgeschlagener Versuch einer solchen erweist, wenn jene Voraussetzung nicht eintritt, daß also solchenfalls durch ihre Vornahme nicht wirklich „zugestellt wurde". Die Absicht, in welcher sie vorgenommen wurde, ist eben nicht erreicht worden, und so kann denn von einem objectiven Standpunkte ihre Vornahme auch nicht als der Beginn des beabsichtigten Effectes erscheinen; denn was überhaupt gar nicht da ist, kann auch nicht begonnen haben.

Dies mag sich vielleicht der ersten, flüchtigen Betrachtung als etwas künstlich darstellen, ist aber logisch vollkommen richtig und im Grunde auch sehr einfach. Einige naheliegende Hinweisungen auf verwandte Fälle werden dieses sofort erweisen.

Als unlängst der König von Serbien mit seinem Heer die bulgarische Grenze überschritt, da dachte er sich mit vollster Zuversicht, und mit ihm die ganze Welt, diesen Schritt als den Beginn eines glänzenden Sieges; er war aber, wie sich bald genug durch die Ereignisse herausgestellt hat, in Wahrheit nicht der Beginn eines Sieges, sondern ganz im Gegentheil derjenige einer kläglichen Niederlage. Oder: gesetzt jemand fährt von Hause weg zum Beginn einer Schweizerreise, läßt sich aber unterwegs von einem Freunde bestimmen, ihn lieber nach Tirol zu begleiten: so zeigt sich nachträglich, daß jenes Wegfahren in Wahrheit nicht, wie nach der damaligen Absicht und Meinung des Wegfahrenden, der Beginn einer Schweizerreise, sondern vielmehr derjenige einer Tirolerreise gewesen ist. Oder endlich, und dieser Fall steht dem unseren ganz unmittelbar gleich: jemand gibt, um einem Anderen eine Nachricht zukommen zu lassen, einen Brief zur Post, dieser geht aber unterwegs verloren oder kommt als unbestellbar zurück: dann erweist sich jene Aufgabe des Briefes offenbar nicht, wie ursprünglich beabsichtigt, als wirklicher Beginn, sondern vielmehr als ein bloßer fehlgeschlagener Versuch der Benachrichtigung; denn zu einer Benachrichtigung ist es eben überhaupt nicht gekommen. Übrigens wird von vornherein einleuchten, daß, wenn der Gerichtsvollzieher einer Person, welche er irrthümlich für den Zustellungsempfänger hält, das zu übergebende Schriftstück Behufs der Zustellung anbietet, dieser Act, welcher nach der Absicht des Gerichtsvollziehers der Beginn der Zustellung sein sollte, ein solcher in Wahrheit nicht gewesen ist. Daß sich das in solchen Fällen meist sofort durch die Aufklärung des Irrthums herausstellt, in anderen Fällen, wie namentlich bei schließlich unausführbarer Postzustellung oder Auslandszustellung, erst nach Ablauf einer längeren Zwischenzeit, kann aber natürlich kein Grund sein, diese Fälle logisch anders zu behandeln als jene.

Es erhellt, daß sich die Frage, ob durch die Vornahme einer gewissen Handlung, z. B. die Übergabe des Schriftstückes an die Post mit dem Ersuchen um die weiteren Schritte der Zustellung, schon wirklich „zugestellt wird", diese Handlung also wirklich Beginn und Stück einer „Zustellung" ist, ebenso wie die andere, ob durch einen gewissen Vorgang wirklich „zugestellt ist", erst dann entscheiden läßt, wenn die ganze zum Zwecke einer Zustellung stattgefundene Thätigkeit schon völlig beendigt und abgeschlossen vorliegt. Erst der Ausgang klärt nach rückwärts über den logischen und juristischen Charakter des vorher geschehenen auf, ganz ebenso, wie ja so häufig erst der Ausgang darüber entscheidet, ob eine der Vergangenheit angehörige Handlung ein Mord oder ein bloßer Mordversuch gewesen ist. Wir haben hier also einen der zahlreichen Fälle vor uns, welche das römische Recht als Fälle der Schwebe bezeichnet, und von welchen es in der L. 15 D. de reb. dub. 34, 5 heißt:

> Quaedam sunt, in quibus res dubia est, sed ex postfacto retroducitur et apparet, quid actum est.

Dieses festgestellt, ergibt sich nun alles weitere leicht von selbst. Sobald zum Zwecke der Zustellung des Vollstreckungstitels eine Handlung geschehen ist, welche, falls dadurch die Zustellung gültig herbeigeführt wird, als der Beginn des Zustellungsactes erscheint: so kann wegen der Möglichkeit und hohen Wahrscheinlichkeit, daß damit wirklich die Zustellung begonnen hat, also „zugestellt wird“, nach §. 671 Abs. 1 CPO. der Gläubiger auf Grund derselben auch zum Beginn der Zwangsvollstreckung, also meist zur Pfändung, schreiten. Da jedoch die Pfändung, wiederum nach §. 671 Abs. 1, nur dann gültig ist und ein Pfändungspfandrecht erzeugt, wenn durch jene Handlung eben wirklich „zugestellt wurde“, dieses aber noch in der Schwebe ist und seine bestimmte Entscheidung erst durch den zukünftigen Ausgang erhält, so muß sich jener Schwebezustand auch auf die Pfändung und ihre Wirkung übertragen. Wird die Zustellung des Vollstreckungstitels gültig vollführt, so stellt sich nach rückwärts die Pfändung als gültig, das Pfandrecht als entstanden, die Versteigerung des Pfandes als berechtigt, durch die Empfangnahme des Erlöses von Seite des Gerichtsvollziehers der Gläubiger als bezahlt heraus. Wird dagegen die Zustellung des Vollstreckungstitels nicht gültig vollführt, so erweist sich umgekehrt nach rückwärts von dem allem das Gegentheil.[5]) Der Gläubiger muß also das empfangene an andere Gläubiger, welche später haben pfänden lassen, unter Umständen (wegen möglicher Compen=

---

[5]) Vgl. die genannte L. 15 D. de reb. dub. 34,5, welche nach den schon oben mitgetheilten Worten folgendermaßen fortfährt:

> Ut ecce si res legata fuerit et deliberante legatario eam rem heres alii tradiderit; nam si quidem voluerit legatarius habere legatum, *traditio nulla est*, si vero repudiaverit, *valet*. Tantundem est, et si pecuniam hereditariam legatam crediderit heres; nam si quidem non repudiaverit legatarius, alienam pecuniam credidit, si vero repudiaverit, suam pecuniam credidisse videtur. quid ergo, si consumpta fuerit pecunia? utique idem erit *ex eventu* dicendum.

Vgl. auch noch L. 86 §. 2 D. de legat. I. und viele andere in meiner Schrift „Über den Begriff der Rückziehung" (Erlangen 1856) mitgetheilte Stellen. — Ich habe bei dieser ganzen Erörterung die übliche und z. B. von Jastrow im 9. Bande der Zeitschrift für Deut. Civilproceß S. 425 ff. hinsichtlich des §. 190 CPO. eingehend erörterte Frage, ob suspensive oder resolutive Bedingtheit, absichtlich ganz bei Seite gelassen, weil sie hier nach meinem Erachten völlig müßig ist und bei der Unklarheit jener Begriffe leicht zu falschen Folgerungen führen kann. Wer übrigens diese Begriffe nicht entbehren zu können glaubt und sich mit dem einfachen Begriffe des Schwebezustandes, d. h. der erst durch die zukünftige Gestaltung der Ereignisse sich entscheidenden objectiven Ungewißheit, nicht befreunden kann, der kann sich die Sache etwa so vorstellen: Durch die Übergabe des Vollstreckungstitels an die Post mit dem Zustellungsersuchen „wird zugestellt", jedoch mit einer Resolutivbedingung für den Fall, daß es schließlich doch nicht zur gültigen Vollführung der Zustellung kommt. Der nämlichen Resolutivbedingung unterliegt die auf Grund jener Übergabe geschehene Pfändung u. s. w.

sation jedoch nicht immer) auch an den Schuldner wieder herausgeben und hat mindestens die Kosten der Vollstreckung vergeblich aufgewendet. Trifft ihn aber bei seinem Vorgehen der Vorwurf einer Unredlichkeit, wie z. B. wenn er mit der Versteigerung des Pfandes vorgegangen wäre, obwohl er erwarten mußte, daß der Schuldner nach §. 686 CPO. einen möglicherweise begründeten Einwand geltend machen werde: so kann er überdies (mit der doli actio) auf Schadensersatz belangt werden.

Wenn der Gläubiger während des Schwebezustandes mit der Pfändung, Versteigerung u. dgl. vorgehen läßt, so thut er dieses sonach auf seine Gefahr. Das praktische Resultat wird sein, daß er, so oft er irgend zweifeln muß, ob die Zustellung des Vollstreckungstitels wirklich werde ausgeführt werden können, regelmäßig bloß zur Pfändung schreiten und sich bis zur Entscheidung der Ungewißheit mit der für den Fall ihrer Entscheidung zu seinen Gunsten dadurch gewonnenen Sicherheit gegenüber anderen, erst später pfändenden Gläubigern begnügen wird.

Nur in Einem Falle liegt die Sache anders. Nämlich dann, wenn die öffentliche Zustellung des Vollstreckungstitels bewilligt ist und durch Anheftung desselben an die Gerichtstafel begonnen hat. Hier ist es nach §. 189 Abs. 2 CPO. von vornherein völlig gewiß, daß es im Sinn des Gesetzes zur Vollführung der Zustellung kommen wird, daß also mit jener Anheftung wirklich „zugestellt wird". Der Gläubiger kann daher, sobald dieselbe erfolgt ist, ohne jede Gefahr und mit vollster Sicherheit nicht nur die Pfändung, sondern auch die weiteren Schritte des Vollstreckungsverfahrens vornehmen lassen. Und dies ist hier, da es sich bei der öffentlichen Zustellung so gut wie ausnahmslos doch nur um eine Fiction handelt, auch durchaus angemessen.

Das alles, was nach §. 808 CPO. entsprechend auch auf die Vollziehung des Arrestes anzuwenden ist, wird, wie mich dünkt, die Praxis gerne und bestens acceptiren. Bemerkenswerth ist besonders, daß hienach gerade in dem Fall, in welchem der bisherigen Annahme gemäß dem Gläubiger die Vollziehung des Arrestes unmöglich sein soll, nämlich dann, wenn es einer öffentlichen Zustellung des Arrestbefehls bedarf, bei richtiger Auslegung der Civilproceßordnung der Gläubiger vielmehr am allergünstigsten steht. Und doch sind auch die Interessen des Schuldners genügend gewahrt, insofern die Vollziehung des Arrestes nicht eher erfolgen darf, als bis durch die Bewilligung der öffentlichen Zustellung und ihren Beginn mittels der Anheftung des Arrestbefehls an die Gerichtstafel das Dasein ihrer gesetzlichen Voraussetzungen und somit die Berechtigung des Gesuches um ihre Bewilligung feststeht.

Überhaupt wird man sich jetzt, wie ich hoffe, überzeugen, daß die Civilproceßordnung nicht allein den Tadel nicht verdient, welchen man hinsichtlich der Behandlung der vorstehend erörterten Fragen so allgemein und so unbedenklich auf sie gehäuft hat, sondern daß ihr vielmehr gerade hier das volle Lob einer meisterhaften Leistung gebürt. Denn alle möglichen Fälle sind mit der größten Umsicht vorgesehen und durch wenige einfache Vorschriften in sachgemäßester Weise entschieden, alle berechtigten Interessen auf das beste und mit der richtigsten Abwägung gewahrt.

Und nun wird es am Platze sein, mit diesem Ergebnisse der richtig verstandenen Civilproceßordnung die von dem Bundesrathe beschlossene Novelle zu vergleichen.

Zuvörderst zeigt sie schon eine bedenkliche Unklarheit der Fassung. Denn die Anführung des §. 190 CPO. erweckt den Zweifel, ob in den Fällen der Zustellung mittels Ersuchens anderer Behörden oder Beamten oder der öffentlichen Zustellung der Grundsatz des §. 190 auch auf die Vollziehung des Arrestes angewendet werden, diese also als ungültig erscheinen soll, wenn die Zustellung nicht wirklich bewirkt wird; dieser Zweifel läßt sich aber weder aus der Fassung der Novelle, als welche vielmehr ohne jene Anführung gegen die Anwendung des gedachten Grundsatzes sprechen würde, noch auch aus §. 190 CPO. selbst, weil dieser bloß von den „Wirkungen der Zustellung" redet, mit Sicherheit lösen.

Doch angenommen, der Grundsatz des §. 190 solle auch auf die Vollziehung des Arrestes angewendet werden, so fehlt es doch an einer entsprechenden Vorschrift für den Fall der Zustellung des Arrestbefehls durch die Post, und doch besteht gewiß auch hier das praktische Bedürfniß, daß die Vollziehung des Arrestes als ungültig erscheine, falls die Zustellung aus irgend einem Grunde nicht wirklich bewirkt wird. Dieses Bedürfniß kann auch, wie oben (S. 25) gezeigt, der Novelle gegenüber nicht im Wege der Auslegung befriedigt werden.

Ferner unterliegt die Vorschrift der Novelle, daß bei Zustellung des Arrestbefehls mittels Ersuchens anderer Behörden oder Beamten oder mittels öffentlicher Zustellung die Vollziehung des Arrestes schon alsbald nach der Überreichung des Gesuches um Zustellung statthaft sein soll, ohne Rücksicht darauf, ob es vom Gerichte bewilligt wird, allen Bedenken, welche oben (S. 11 ff.) gegen diese Consequenz von Jastrow's Ansicht geäußert worden sind.

Ganz besonders mißlich ist es aber endlich, daß durch die Anfangsworte der Novelle: „An Stelle der Zustellung des Arrestbefehls an den Schuldner (§. 671) genügt es, wenn“ u. s. w. die gegenwärtig herrschende falsche, die Worte: „oder gleichzeitig zugestellt wird“ gar nicht berücksichtigende Auslegung des §. 671 Abs. 1 kraft der Auctorität der Gesetzgebung selbst befestigt und damit eine sachgemäße Behandlung der Zwangsvollstreckung ganz unmöglich gemacht würde. Es würden also, um vermeintliche Schwierigkeiten des Arrestverfahrens zu beseitigen, wirkliche Schwierigkeiten für das Vollstreckungsverfahren geschaffen. Und während dort das vermeintlich von der Civilproceßordnung nicht genügend gewahrte Interesse des Gläubigers nunmehr eine übermäßige und mehr als gebürende Rücksicht auf Kosten desjenigen des Schuldners erführe, würde hier gerade umgekehrt mit entschiedener Schädigung des Gläubigers dem Interesse des Schuldners ein nicht zu rechtfertigendes Übergewicht gewährt. Das von der Civilproceßordnung so weise und sorgsam hergestellte Gleichgewicht wäre also gänzlich verschoben.

Zu dem allem tritt nun aber noch als das allerschlimmste hinzu, daß die Novelle, wie sie auf Mißverständniß der Civilproceßordnung beruht, zu dem System und den Vorschriften derselben gar nicht paßt. Sie schüfe also eine ganze Reihe von Singularitäten, welche das schöne Gefüge des Gesetzbuches nicht nur recht wenig zieren, sondern auch in hohem Grade gefährden und beeinträchtigen müßten. Die wissenschaftliche Bearbeitung des neuen Civilproceßrechtes würde dadurch sehr empfindlich erschwert, die praktische Handhabung desselben von vornherein in ein falsches Geleise gebracht und so nach allen Seiten nicht genützt, sondern geschadet. Auch hier würde der Erfolg sehr bald gerade das Gegentheil desjenigen herausstellen, was mit der beabsichtigten Änderung der Civilproceßordnung in bester Meinung erstrebt wird.

Ich hoffe aber, jetzt schon und ehe dies erst durch schlimme Erfahrungen und dann nicht mehr zu beseitigenden Schaden zu fühlbarem Bewußtsein gebracht wird, überzeugend erwiesen zu haben, daß jene Änderung keine Verbesserung, sondern umgekehrt eine entschiedene Verschlechterung des Gesetzbuches bedeuten würde, daß letzteres hier überhaupt gar keiner Änderung bedarf, sondern, wenn man es nur richtig auslegt, alle Anforderungen des praktischen Bedürfnisses auf das beste und vollkommenste erfüllt. Ich schließe daher mit dem Wunsche und in der Hoffnung

der Reichstag werde die beabsichtigte Novelle ablehnen.

Verlag von J. Guttentag (D. Collin) in Berlin und Leipzig.

(Zu beziehen durch alle Buchhandlungen.)

Deutsche Reichsgesetze.

Text-Ausgaben mit Anmerkungen; Taschenformat; cartonnirt.

13) **Konkursordnung mit Einführungsgesetz, Nebengesetzen und Ergänzungen.** Von R. Sydow. Dritte vermehrte Auflage. Cartonnirt 80 Pf.

14) **Gerichtsverfassungsgesetz für das Deutsche Reich.** Von R. Sydow. Dritte Auflage. Cartonnirt 80 Pf.

15) **Gerichtskostengesetz und Gebührenordnung für Gerichtsvollzieher nebst der Novelle** vom 29. Juni 1881. **Gebührenordnung für Zeugen und Sachverständige. Mit Kostentabellen.** Von R. Sydow. Zweite vermehrte Auflage. Cartonnirt 80 Pf.

16) **Rechtsanwaltsordnung für das Deutsche Reich.** Von R. Sydow. Zweite vermehrte Auflage. Cartonnirt 50 Pf.

17) **Gebührenordnung für Rechtsanwälte.** Von R. Sydow. Zweite vermehrte Auflage. 50 Pf.

18) **Das Deutsche Reichsgesetz über die Reichsstempelabgaben** in der Fassung des Gesetzes vom 29. Mai 1885, mit den Ausführungsbestimmungen und späteren Beschlüssen des Bundesraths, den Motiven und Reichstagsverhandlungen, Verfügungen des Königl. Preuß. Finanzministeriums und Entscheidungen des Reichsgerichts, sowie einem Anhange, enthaltend Tabellen zur Berechnung der Reichsstempelabgaben. Von B. Gaupp, Geh. Regierungsrath und Stempelfiskal in Berlin. Dritte umgearbeitete und vermehrte Auflage. Cartonnirt 1 Mark 50 Pf.

19) **Die Seegesetzgebung des Deutschen Reiches.** Von Dr. jur. W. E. Knitschky, Landgerichtsrath zu Rostock. Cartonnirt 3 Mark.

20) **Gesetz, betreffend die Krankenversicherung der Arbeiter.** Vom 15. Juni 1883 von E. von Woedtke, Geh. Regierungsrath. Dritte Auflage. Cartonnirt 1 Mark 20 Pf.

21) **Die Konsulargesetzgebung des Deutschen Reiches** von Dr. Philipp Zorn, ordentlichem Professor der Rechte zu Königsberg. Cartonnirt 4 Mark.

22) **Patentgesetz. Gesetz, betreffend das Urheberrecht an Mustern und Modellen. Gesetz über Markenschutz.** Nebst Ausführungsbestimmungen. Von T. Ph. Berger, Regierungsrath. Cartonnirt 80 Pf.

23) **Unfallversicherungsgesetz** vom 6. Juli 1884 und **Gesetz über die Ausdehnung der Unfall- und Krankenversicherung** vom 28. Mai 1885. Von E. von Woedtke, Geh. Regierungsrath. Zweite vermehrte Auflage Cartonnirt 1 Mark 60 Pf.

24) **Reichsgesetz, betreffend die Kommanditgesellschaften auf Aktien und die Aktiengesellschaften.** Vom 18. Juli 1884. Von H. Keyßner, Kammergerichtsrath und Dr. V. Simon, Rechtsanwalt. Cartonnirt 1 Mark.

25) **Das Deutsche Reichsgesetz wegen Erhebung der Brausteuer** vom 31. Mai 1872. Von Bertho, Regierungsrath. Cartonnirt 1 Mark 60 Pf.

26) **Die Reichsgesetzgebung über Münz- und Bankwesen, Papiergeld, Prämienpapiere und Reichsanleihen.** Von R. Koch, Kaiserl. Geh. Ober-Finanzrath. Cartonnirt 2 Mark 40 Pf.